¡Así somos!

Ser considerados

Un libro sobre la consideración

por Mary Small   ilustrado por Stacey Previn   Traducción: Patricia Abello

Agradecemos a nuestras asesoras por su pericia, investigación y asesoramiento:

Bambi L. Wagner, Directora de Educación
Institute for Character Development, Des Moines, Iowa
Miembro del Comité Académico Nacional/Capacitadora
Josephson Institute of Ethics - CHARACTER COUNTS!sm
Los Angeles, California

Susan Kesselring, M.A., Alfabetizadora
Apple Valley-Eagan (Minnesota) School District

PICTURE WINDOW BOOKS
Minneapolis, Minnesota

Dirección editorial: Carol Jones
Dirección ejecutiva: Catherine Neitge
Dirección creativa: Keith Griffin
Redacción: Jacqueline A. Wolfe
Asesoría narrativa: Terry Flaherty
Diseño: Joe Anderson
Composición: Picture Window Books
Las ilustraciones de este libro se crearon con acrílico.
Traducción y composición: Spanish Educational Publishing, Ltd.
Coordinación de la edición en español: Jennifer Gillis/Haw River Editorial

Picture Window Books
5115 Excelsior Boulevard
Suite 232
Minneapolis, MN 55416
877-845-8392
www.picturewindowbooks.com

Todos los libros de Picture Windows
se elaboran con papel que contiene por
lo menos 10% de residuo post-consumidor.

Library of Congress Cataloging-in-Publication Data
Small, Mary.
[Caring. Spanish]
Ser considerados : un libro sobre la consideración / por Mary Small ;
ilustrado por Stacey Previn ; traducción, Patricia Abello.
p. cm. – (Así somos)
Includes index.
ISBN-13: 978-1-4048-3849-9 (library binding)
ISBN-10: 1-4048-3849-X (library binding)
1. Caring–Juvenile literature. I. Previn, Stacey. II. Title.
BJ1475.S6218 2007
177.7–dc22   2007017467

Una persona considerada se preocupa por los demás. Quiere que estén bien. Si otra persona está triste, enojada o asustada, trata de ayudarla.

Podemos ser considerados con nuestros parientes, amigos y vecinos, y también con los animalitos.

Hay muchos modos de ser considerados.

3

Paco le ofrece su dulce a su hermana mayor.

Así muestra que es considerado.

4

6

Alex cuida a sus hermanitos,
aunque a veces no es nada fácil.

**Así muestra que es
considerado.**

Carolina trata de que todos sientan su cariño
en los días especiales.

Así muestra que es considerada.

Julio abre la puerta para que pasen
los demás.

Así muestra que es considerado.

Tito no deja que sus amigos se peleen.
Los ayuda a hacer las paces.

Así muestra que es considerado.

Nando le presta su avión favorito
a su mejor amigo.

**Así muestra que es
considerado.**

14

Freddie ayuda a su papá a arreglar el carro.

Así muestra que es considerado.

Emilia y Carla invitan al nuevo niño de la escuela a almorzar con ellas.

Así muestran que son consideradas.

Ana sale a buscar a su gatito en una
noche de tormenta.

Así muestra que es considerada.

Mark y Alicia comparten su libro favorito.

Así muestran que son considerados el uno con el otro.

Aprende más

En la biblioteca

Leeper, Angela. *Me importan los demás*. Chicago: Heinemann Library, 2005.

Leeper, Angela. *Tú y yo*. Chicago: Heinemann Library, 2005.

Schuette, Sarah L. *Soy bondadosa*. Mankato, Minn.: Capstone Press, 2004.

En la red

FactHound ofrece un medio divertido y confiable de buscar portales de la red relacionados con este libro. Nuestros expertos investigan todos los portales que listamos en FactHound.

1. Visite www.facthound.com
2. Escriba código: 1404810498
3. Oprima el botón FETCH IT.

FactHound, su buscador de confianza, le dará una lista de los mejores portales!

Índice

Busca todos los libros de la serie ¡Así somos!:

Ser buenos ciudadanos: Un libro sobre el civismo

Ser confiables: Un libro sobre la confianza

Ser considerados: Un libro sobre la consideración

Ser justos: Un libro sobre la justicia

Ser respetuosos: Un libro sobre el respeto

Ser responsables: Un libro sobre la responsabilidad